재미있는 파닉스 동화로 시작하는 **첫 영어 리딩!**

바빠 초등
파닉스 리딩 ②

이지스에듀

지은이 | **이지은(지니쌤)**

교과서를 만들어 온 교육 전문가이자 두 딸을 키우고 있는 엄마이다. 7차 07개정부터 15개정 교육과정까지 초·중·고등 학교 영어 교과서를 개발했으며, 천재교육에서 15년간 근무하며 각종 파닉스, 영어 독해, 문법 교재 등을 기획하고 편집 했다. 또한 회원 수 13만 명의 네이버 카페 〈초등맘〉에서 영어 멘토로 활동했다. 현재 어린이영어연구회 소속이며, 유튜 브 〈즐거운 초등영어〉 채널을 통해 다양한 콘텐츠를 제공하며 활발히 소통 중이다. 쓴 책으로 《초등맘이 꼭 알아야 할 국 어 영어 독서법》과 《너, 영어 교과서 씹어 먹어 봤니?》가 있다.

- 인스타그램 @jinny_english

그린이 | **플러그**

아이들을 위한 동화책, 어학 교재 등 각종 디지털 교육 콘텐츠에 들어가는 일러스트, 삽화 등을 제작하고 있다. 대표작으 로는 《뱅글뱅글 두뇌 트레이닝》 시리즈와 《일 년 내내 튼튼하게 건강 동화》 시리즈 등이 있다.

감수 | **Michael A. Putlack (마이클 A. 푸틀랙)**

미국의 명문 대학인 Tufts University에서 역사학 석사 학위를 받은 뒤 우리나라의 동양미래대학에서 20년 넘게 한국 학 생들을 가르쳤다. 폭넓은 교육 경험을 기반으로 《미국 교과서 읽는 리딩》 같은 어린이 영어 교재를 집필했을 뿐만 아니라 《영어동화 100편》시리즈, 《7살 첫 영어 - 파닉스》, 《바빠 초등 필수 영단어》 등의 영어 교재 감수에 참여해 오고 있다.

바빠 초등 파닉스 리딩 ②

초판 1쇄 발행 2023년 2월 10일
초판 3쇄 발행 2024년 12월 16일
지은이 이지은
발행인 이지연
펴낸곳 이지스퍼블리싱(주)
출판사 등록번호 제313-2010-123호
주소 서울시 마포구 잔다리로 109 이지스 빌딩 5층(우편번호 04003)
대표전화 02-325-1722　　　　　　　　　　　팩스 02-326-1723
이지스퍼블리싱 홈페이지 www.easyspub.com　　이지스에듀 카페 www.easysedu.co.kr
바빠 아지트 블로그 blog.naver.com/easyspub　　인스타그램 @easys_edu
페이스북 www.facebook.com/easyspub2014　　이메일 service@easyspub.co.kr

편집장 조은미　기획 및 책임 편집 이지혜 | 정지연, 박지연, 김현주　문제 검수 이지은, 조유미
표지 및 내지 디자인 손한나　조판 최정원　인쇄 SJ프린팅　독자 지원 박애림
영업 및 문의 이주동, 김요한(support@easyspub.co.kr)　마케팅 라혜주

ISBN 979-11-6303-449-0
ISBN 979-11-6303-428-5(세트)
가격 13,000원

• **이지스에듀**는 이지스퍼블리싱(주)의 교육 브랜드입니다.
(이지스에듀는 학생들을 탈락시키지 않고 모두 목적지까지 데려가는 책을 만듭니다!)

재미있는 파닉스 동화로 시작하는 첫 영어 리딩!
《바빠 초등 파닉스 리딩》

⭐ **파닉스 단어를 리딩의 징검다리로 써먹는 효율적인 학습법!**

아이들이 영어를 배울 때 흔히 파닉스를 공부한 다음 영어 리딩에 도전합니다.
하지만 파닉스 규칙만으로 단어나 문장을 단번에 읽어 내기는 어렵습니다.
그래서 파닉스에서 리딩으로 넘어가는 탄탄한 징검다리로 '파닉스 리딩'을 추천합니다. 재미있는 영어 동화를 읽으며 파닉스 단어를 저절로 습득하게 되고, 문장 읽기(리딩)에도 익숙해질 수 있으니까요!

⭐ **영어 동화 속 단어 반복, 문장 반복의 힘을 만날 수 있어요!**

이 책의 목표는 파닉스를 공부한 아이들이 파닉스 단어의 규칙을 적용해 즐겁게 리딩을 시작하는 것입니다. 그래서 파닉스 단어의 규칙을 완벽하게 체득하도록 과학적으로 설계했습니다.
먼저 동화를 읽기 전 파닉스 단어를 듣고 따라 읽은 다음 동화 속 문장에서 파닉스 단어를 찾아보며, 문제 풀이에서는 단어를 직접 쓰고 듣는 활동을 합니다. 단어뿐 아니라 문장도 최대한 단순하게, 그리고 반복해서 사용했습니다. 단어와 문장 패턴이 반복되니 아이들은 영어 리딩에 자신감이 생깁니다!

⭐ **귀여운 삽화와 함께 흥미진진한 파닉스 동화 10편을 담았어요!**

이 책은 상상의 재미를 더하는 귀여운 삽화와 함께 약 10문장으로 동화 한 편을 구성했습니다. 한 권에 10편씩, 1, 2권 총 20편의 흥미진진한 이야기를 통해 파닉스 단어와 사이트 워드를 자연스럽게 익힐 수 있습니다. 원어민이 생생하게 읽어 주는 동화를 듣고 따라 읽다 보면, 리딩의 즐거움도 느끼게 될 것입니다.

⭐ **읽기, 말하기, 듣기, 쓰기 4가지 영역 모두 골고루 학습할 수 있어요!**

이 책은 15년간 영어 교과서를 개발한 저자가 초등 교과과정에서 다루는 파닉스 과정을 그대로 적용해 만들었습니다. 특히 이 책의 연습 문제에는 언어의 4가지 영역(읽기, 말하기, 듣기, 쓰기)을 골고루 발달시키도록 4가지 유형을 모두 다루었습니다.
정규 영어 수업이 시작되는 3학년까지 이 책을 꼭 경험해 보세요! 대부분의 문장이 초등 영어 교과서의 기본 문장으로 구성되어 있어, 학교 영어 수업 시간에 손을 번쩍 들 정도로 자신감이 생길 것입니다.

그럼 《바빠 초등 파닉스 리딩》 시리즈로 즐겁게 첫 리딩을 시작해 볼까요?

출발~

이 책을 효과적으로 공부하는 방법

1 이야기를 상상하며 파닉스 단어를 익혀요!

동화를 읽기 전, 먼저 유닛의 제목과 삽화를 보고 이야기를 상상해 보세요. 혹시 삽화를 보고 떠오르는 영어 단어가 있으면 말해도 좋아요. 그다음 QR코드를 찍어 파닉스 단어를 듣고 하나씩 손으로 짚어 가며 따라 읽어 보세요.

QR코드를 한 번만 찍으면 모든 음원을 들을 수 있어요.

핵심 단어인 파닉스 단어 6개를 익혀 보세요.

2 원어민의 정확한 발음을 들으며 동화를 읽어요!

먼저 '동화 전체 듣기' 음원을 들으며 손가락으로 단어를 짚으며 눈으로 따라 읽어 보세요. 그다음 '따라 읽기' 음원을 들으며 천천히 소리 내어 따라 읽어 보세요. 3번 정도 읽고 나면 읽기가 조금 더 자연스러워질 거예요.

파닉스 규칙에서 벗어나는 사이트 워드도 찾아보세요.

핵심 문장을 강세를 살려 유창하게 잘 읽을 수 있는지 확인해 보세요.

쓰기, 말하기, 읽기, 듣기 영역을 골고루 익혀요!

동화로 익힌 파닉스 단어와 문장을 연습 문제를 통해 잘 이해했는지 확인해 보세요. 연습 문제는 언어의 4가지 영역(쓰기, 말하기, 읽기, 듣기)이 고루 발달되도록 4가지 유형을 모두 수록했어요.

받아쓰기 연습으로 앞에서 배운 내용을 복습해요!

한 유닛이 끝날 때마다 교재의 맨 뒤에 있는 받아쓰기 연습으로 복습하세요. QR코드로 받아쓰기 음원을 듣고 핵심 파닉스 단어를 채우도록 구성되어 있어요. 정답을 확인한 후, 틀린 부분을 집중해서 다시 듣고 써 보며 완벽하게 복습하세요.

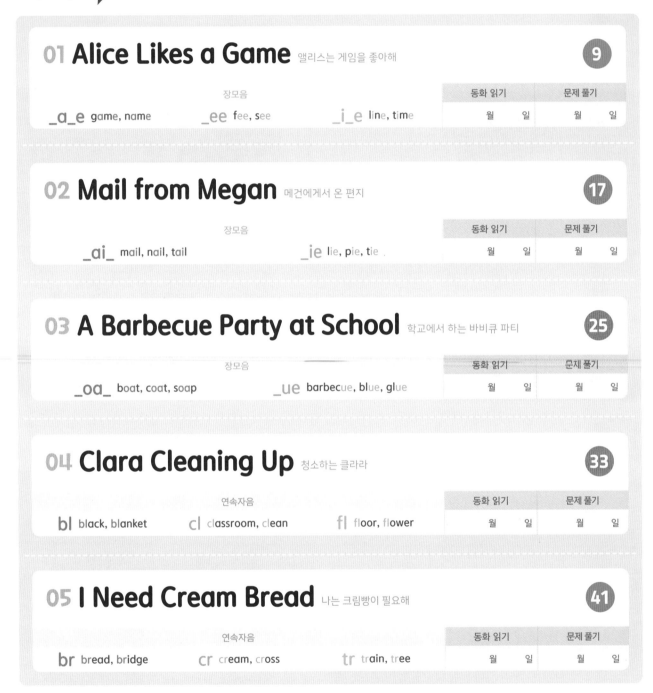

부모님과 선생님, 이렇게 지도해 주세요!

아이가 더듬더듬 느리게 읽는다고 조바심 내지 마세요.
이 단계에서는 빨리 읽는 것보다 스스로 정확하게 문장을 소리 내어 읽는 게
더 중요해요. 속도는 읽는 횟수를 반복하면 자연스럽게 빨라진답니다.

지금은 스스로 영어 문장을 읽을 수 있다는
자신감만 심어 주세요!

바쁜 친구들이 즐거워지는 빠른 학습법

학습 설계

* 한 유닛이 동화 읽기(Let's Read)과 문제 풀기(Let's Practice)로 구성되어 있습니다.
* 1~2학년은 이틀에 한 유닛씩(첫날은 동화 읽기, 다음날은 문제 풀기), 3학년은 하루에 한 유닛씩 공부하세요!

정답 및 해석 / Word Check

이 책으로 지도하는 선생님과 학부모님을 위해 한글 해석과 연습 문제의 정답을 담았습니다.
또 앞에서 배운 파닉스 단어와 사이트 워드 체크 리스트도 추가했습니다. 아이가 배운 단어를 읽을 수 있는지 체크한 다음, 잘 읽지 못하는 단어만 모아 복습시켜 주세요!

바빠 초등 파닉스 리딩 ① 알파벳 소릿값, 단모음

1 권	알파벳 소릿값, 단모음
2 권	장모음, 연속자음, 이중자음, 이중모음, R 통제모음

 Sight Words

Alice Likes a Game

01. mp3

🎧 **Phonics Words**   파닉스 단어를 잘 듣고 따라 읽어 보세요.   장모음  a_e ee i_e

game

name

fee

see

line

time

Alice sees the white rabbit.
The white rabbit sees Alice, too.

"Do you like games?"
"Games? Yes. I love games."

"Oh, let's play a game. We have no time."
"Okay. We have no time."

"Get in line. Write your name."
"Alice, get in line and write your name."

"Alice, pay the money."
"How much is the fee?"
"The fee is 500 dollars each."
"What?"

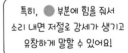

특히, ● 부분에 힘을 줘서
소리 내면 저절로 강세가 생기고
유창하게 말할 수 있어요!

Read It
Yourself

○●을 손으로
짚어 가며 스스로
읽어 보세요.

Alice sees the white rabbit.

Get in line and write your name.

Let's Practice

1 g _ _ _

2 f _ _

3 l _ _ _

ame   ime   ine   ee

4 t _ _ _

5 n _ _ _

6 s _ _

13

1  Alice _____ s the white rabbit.

2  We have no _____ .

3  Get in line and write your _____ .

| game | name | fee | see | line | time |

1  fie**game**ug

2  ghaesee

3 timewidg

14

1 Let's play a game. We have no time.

2 The fee is 500 dollars each.

3 Get in line and write your name.

1

Read & Check 그림을 보고, 알맞은 문장에 ✓를 하세요.

1

⦾ Do you like games?

⦾ Do you like watches?

2

⦾ We have no time.

⦾ We have no line.

1 a  b

2 a  b

3 a  b

4 a  b

🎧 **Phonics Words**   파닉스 단어를 잘 듣고 따라 읽어 보세요.   장모음

| mail | nail | tail | lie | pie | tie |

Unit 02 메건에게서 온 편지   파닉스 단어 편지 | 못 | 꼬리 | 거짓말 | 파이 | 타이

17

Today was a lucky day.
I got mail from Megan.

The mail was her birthday card.
I hoped it was not a lie.

18

I bought a strawberry pie.
I wore a red tie. The tie looked good.

Suddenly, my dog ran up, wagging its tail.
Oops! Be careful of my pie and tie.

Finally, I gave Megan the pie.
Oh! A nail came out of the pie.
Today was not a lucky day.

특히, ● 부분에 힘을 줘서
소리 내면 저절로 강세가 생기고
유창하게 말할 수 있어요!

Read It
Yourself

○ ● 을 손으로
짚어 가며 스스로
읽어 보세요.

Be careful of my pie and tie.

○ ● ○ ○ ● ● ●

A nail came out of the pie.

○ ● ● ○ ○ ○ ●

Let's Practice

02-1 문제 듣기

1   t _ _

2   p _ _

3   t _ _ l

ie   ai

4   l _ _

5   m _ _ l

6   n _ _ l

그림을 보고, 알맞은 단어를 쓰고 읽어 보세요.

1

I got _____ from Megan.

2

I wore a red _____ .

3

I bought a strawberry _____ .

| mail | nail | tail | lie | pie | tie |

사진이 가리키는 단어를 찾아 소리 내어 말하고 ○표 하세요.

1

tailhgirhef

2

weufhlief

3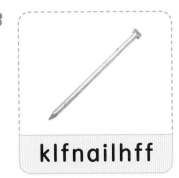

klfnailhff

1 A nail came out of the pie.

2 I bought a strawberry pie.

3 I got mail from Megan.

1

○ I wore a red dress.

○ I wore a red tie.

2

○ My dog ran up, wagging its head.

○ My dog ran up, wagging its tail.

Listen & Choose

문장을 듣고 일치하는 그림을 고르세요.

1 a  b

2 a  b

3 a  b

4 a  b

A Barbecue Party at School

03. mp3

🎧 **Phonics Words** 파닉스 단어를 잘 듣고 따라 읽어 보세요.

장모음 **oa ue**

boat

coat

soap

barbecue

blue

glue

We have a barbecue party at school.
The barbecue party has a special rule.

The kids should show something blue.
The president likes the color blue.

Kevin wears a fancy blue coat.
Clara wears a nice blue dress.

Rosa brings a blue toy boat.
Jim brings some giant blue glue.

Oh, the glue is flowing out.
The blue coat, the blue dress, and the
blue toy boat get sticky.
We need some soap.

특히, ● 부분에 힘을 줘서
소리 내면 저절로 강세가 생기고
유창하게 말할 수 있어요!

 Read It Yourself

Kevin wears a fancy blue coat.

○ ●을 손으로
짚어 가며 스스로
읽어 보세요.

Rosa brings a blue toy boat.

Let's Practice

03-1 문제 듣기

1

b _ _ t

2

bl _ _

3

barbec _ _

oa

ue

4

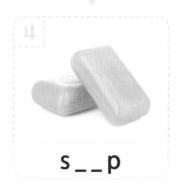

s _ _ p

5

c _ _ t

6

gl _ _

1  We have a _____ party at school.

2  Kevin wears a fancy blue _____ .

3  Rosa brings a blue toy _____ .

| boat | coat | soap | barbecue | blue | glue |

1
kghgluendo

2
mbnsblue

3
qwsoapng

1 Jim brings some giant blue glue.

2 The kids should show something blue.

3 The glue is flowing out.

Read & Check 그림을 보고, 알맞은 문장에 √를 하세요.

1

○ We need a coat.

○ We need some soap.

2

○ Clara wears a nice blue dress.

○ Clara wears nice blue glasses.

03-2 문제 듣기

1 a  b

2 a  b

3 a  b

4 a  b

Unit 04

Clara Cleaning Up

04. mp3

🎧 **Phonics Words** 파닉스 단어를 잘 듣고 따라 읽어 보세요. 연속자음 **bl** **cl** **fl**

black   **blanket**   **classroom**   **clean**   **floor**   **flower**

Unit 04 청소하는 클라라 파닉스 단어 검정(색) | 담요 | 교실 | 깨끗한, 청소하다 | 바닥 | 꽃

33

Clara is very clean.
She likes to clean everything.

"The classroom floor is very slippery.
I will clean the classroom floor."

"The black blanket is very dirty.
I will wash the black blanket."

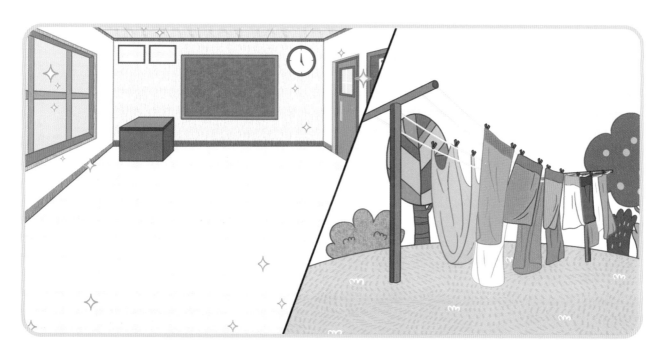

Now, the floor is clean.
The blanket is clean.

Thanks to her, the classroom is clean.
The students give her flowers.
"Thank you, Clara."

특히, ● 부분에 힘을 줘서
소리 내면 저절로 강세가 생기고
유창하게 말할 수 있어요!

Read It Yourself

○●을 손으로
짚어 가며 스스로
읽어 보세요.

I will clean the classroom floor.

● ○ ● ○ ○ ●

The black blanket is very dirty.

○ ● ○ ○ ● ○

Let's Practice

Listen & Match 잘 듣고, 빈칸에 들어갈 글자를 선으로 이어 보세요.

1 __ower

2 __ack

3 __ean

bl

cl

fl

4 __anket

5 __assroom

6 __oor

37

그림을 보고, 알맞은 단어를 쓰고 읽어 보세요.

1 I will clean the   floor.

2 The black   is very dirty.

3 The blanket is   .

| black | blanket | classroom | clean | floor | flower |

사진이 가리키는 단어를 찾아 소리 내어 말하고 ○표 하세요.

1

qafloorjgs

2

blackuds

3

jkfsflower

1 The classroom floor is very slippery.

2 I will clean the classroom floor.

3 Now, the floor is clean.

  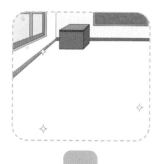

1

◯ The students give her flowers.

◯ The students give her blankets.

2

◯ Clara is very clean.

◯ Clara is very dirty.

1 a 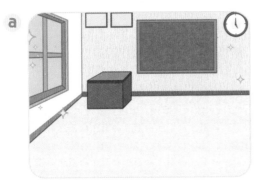 b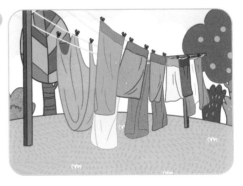

2 a  b

3 a  b

4 a  b

I Need Cream Bread

05. mp3

🎧 **Phonics Words** 파닉스 단어를 잘 듣고 따라 읽어 보세요.   연속자음 **br** **cr** **tr**

bread

bridge

cream

cross

train

tree

Unit 05 나는 크림빵이 필요해 **파닉스 단어** 빵｜다리｜크림｜건너다｜기차｜나무

41

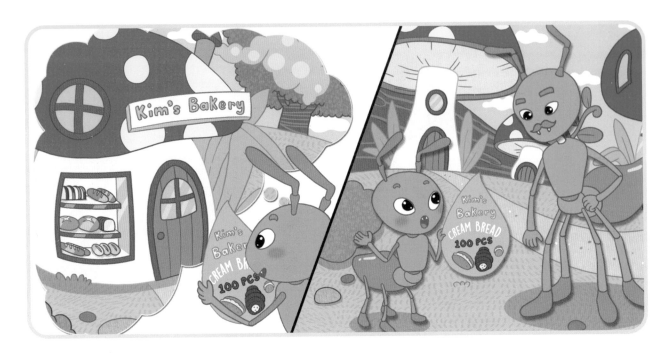

"Excuse me. How can I get to Kim's Bakery?
I need cream bread."

"Oh, it's next to the train station.
You can see a very big tree, too."

"Excuse me. How can I get to Kim's Bakery?
I need cream bread."

"Oh, you should cross the river.
You can see the bridge."

Finally, I arrived at Kim's Bakery.

"Can I have some cream bread?"

"Oh, sorry. It is sold out."

"Oh, noooooooo!"

특히, ⬤ 부분에 힘을 줘서
소리 내면 저절로 강세가 생기고
유창하게 말할 수 있어요!

Read It Yourself

○●을 손으로
짚어 가며 스스로
읽어 보세요.

I need cream bread.

○　●　　○　　●

You should cross the river.

○　●　　○　　○　●

44

Let's Practice

1

_ _ a i n

2

_ _ e a d

3

_ _ e a m

br

cr

tr

4

_ _ i d g e

5

_ _ e e

6

_ _ o s s

그림을 보고, 알맞은 단어를 쓰고 읽어 보세요.

1  I need cream _____ .

2  It's next to the _____ station.

3  You should _____ the river.

| bread | bridge | cream | cross | train | tree |

사진이 가리키는 단어를 찾아 소리 내어 말하고 ○표 하세요.

1
utreefjgkd

2
mkbridgelue

3
lkacreams

1 "Oh, sorry. It is sold out."

2 I need cream bread.

3 Finally, I arrived at Kim's Bakery.

1

◯ It's next to the bridges.

◯ It's next to the train station.

2

◯ You should cross the tree.

◯ You should cross the river.

Listen & Choose

문장을 듣고 일치하는 그림을 고르세요.

1 a 　　b

2 a 　　b

3 a 　　b

4 a 　　b

The Snail and the Sloth

06. mp3

🎧 **Phonics Words** 파닉스 단어를 잘 듣고 따라 읽어 보세요. 연속자음 **sn** **sm** **st**

snail

snack

small

smart

step

stop

Unit 06 달팽이와 나무늘보 · 파닉스 단어 달팽이 | 간식 | 작은 | 똑똑한 | 걸음 | 멈추다

The snail is small and slow.
The sloth is big and slow.

The snail and the sloth are best friends.
The snail and the sloth will meet at 5.

The **snail** sees a **snack**, so she **stops**.
The sloth sees a **snack**, so he **stops**.

The **snail** walks one **small step** at a time.
The sloth walks one **small step** at a time.

They are very slow, so it gets dark.

They forget they have a smartphone.

They are not so smart.

 **Read It Yourself**

○●을 손으로
짚어 가며 스스로
읽어 보세요.

The snail is small and slow.

○ ● ○ ● ○ ●

The snail sees a snack, so she stops.

○ ● ○ ○ ● ○ ●

Let's Practice

Listen & Match 잘 듣고, 빈칸에 들어갈 글자를 선으로 이어 보세요.

1

__ep

2

__ail

3

__art

sn

sm

st

4

__all

5

__op

6

__ack

1  The snail is ⎯⎯⎯⎯⎯ and slow.

2  The sloth sees a ⎯⎯⎯⎯⎯ .

3 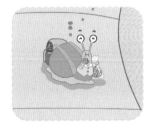 The snail walks one small ⎯⎯⎯⎯⎯ .

| snail | snack | small | smart | step | stop |

1
jqwsmartgio

2
lersgsnail

3
stopgkwjdp

문장을 읽고, 일치하는 그림에 문장 번호를 써 보세요.

1 They see a snack, so they stop.

2 The snail and the sloth will meet at 5.

3 They are very slow, so it gets dark.

그림을 보고, 알맞은 문장에 √를 하세요.

1

○ It gets light.

○ It gets dark.

＊light : (날이) 밝은

2

○ The snail is small and slow.

○ The sloth is small and slow.

문장을 듣고 일치하는 그림을 고르세요.

06-2 문제 듣기

1 a    b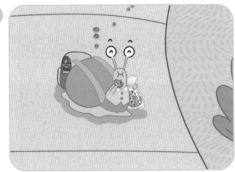

2 a    b

3 a    b

4 a    b

The Long, Short, Thick Snowman

07. mp3

🎧 **Phonics Words**   파닉스 단어를 잘 듣고 따라 읽어 보세요.   이중자음 **sh** **th** **ng**

 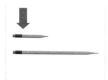   

| shirt | short | thick | thin | long | string |

Unit 07   길고, 짧고, 두꺼운 눈사람   파닉스 단어   셔츠 | 짧은 | 두꺼운 | 얇은 | 긴 | 끈

Hmm, this stick is too thick.
This stick is too thin.

The thick stick is strong.
The thin stick is not strong.

Hmm, this string is too long.
This string is too short.

The long string is for a skirt.
The short string is for a shirt.

Oops! This snowman has thick arms.
It is wearing a skirt with a long string.
It is wearing a shirt with a short string.

특히, ● 부분에 힘을 줘서
소리 내면 저절로 강세가 생기고
유창하게 말할 수 있어요!

Read It Yourself

○ ●을 손으로
짚어 가며 스스로
읽어 보세요.

The thick stick is strong.
○　●　○　○　●

The short string is for a shirt.
○　●　○　○　○　●

Listen & Match

잘 듣고, 빈칸에 들어갈 글자를 선으로 이어 보세요.

07-1 문제 듣기

1 __irt

2 lo__

3 __ick

ng

th

sh

4 __in

5 __ort

6 stri__

1  This stick is too   .

2  The   stick is not strong.

3  This string is too   .

| shirt | short | thick | thin | long | string |

1

hfshirtfog

2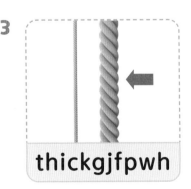

kbhxlong

3

thickgjfpwh

1 The short string is for a shirt.

2 The long string is for a skirt.

3 This snowman has thick arms.

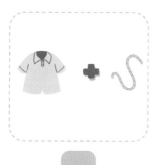  

1

○ It is wearing a skirt with a long string.

○ It is wearing a skirt with a short string.

2

○ The thin stick is strong.

○ The thin stick is not strong.

Listen & Choose
문장을 듣고 일치하는 그림을 고르세요.

1 a  b

2 a 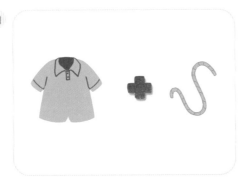 b

3 a  b

4 a  b

Unit 08 The Whale Under the Wheel

08. mp3

🎧 **Phonics Words**   파닉스 단어를 잘 듣고 따라 읽어 보세요.   이중자음 **ch** **wh**

cheesecake   cherry   chicken   whale   wheel   white

Unit 08 바퀴에 깔린 고래   파닉스 단어 치즈 케이크 | 체리 | 치킨 | 고래 | 바퀴 | 흰(색)

A cheesecake is on the table.
A cherry is on the cheesecake.

Some chicken is on the table.
Some white sauce is on the chicken.

A white whale comes into the kitchen.
The white whale is hungry.

The white whale eats cheesecake
and chicken with white sauce.

Suddenly, a wheel comes into the kitchen.
The wheel goes round and round.
The white whale is under the wheel.

특히, ● 부분에 힘을 줘서
소리 내면 저절로 강세가 생기고
유창하게 말할 수 있어요!

Read It
Yourself

○●을 손으로
짚어 가며 스스로
읽어 보세요.

A cherry is on the cheesecake.
○　●　○　○　○　●

The white whale is under the wheel.
○　●　●　○　○　○　●

Listen & Match 잘 듣고, 빈칸에 들어갈 글자를 선으로 이어 보세요.

08-1 문제 듣기

1
__ite

2

__eesecake

3

__icken

ch

wh

4

__ale

5

__erry

6

__eel

1  A   is on the table.

2  Some   sauce is on the chicken.

3  The white   is hungry.

cheesecake   cherry   chicken   whale   wheel   white

1  mgccherry

2  vbcawheelg

3  chickenfigs

1 A cheesecake and some chicken are on the table.

2 A white whale is hungry.

3 The white whale eats cheesecake and chicken with white sauce.

1

   ◯ The wheel goes round and round.

   ◯ The whale goes round and round.

2

   ◯ A cherry is on the cheesecake.

   ◯ A chicken is on the cheesecake.

Listen & Choose 문장을 듣고 일치하는 그림을 고르세요.

08-2 문제 듣기

1 a    b

2 a    b

3 a    b

4 a    b

The Boy with a Toy

09. mp3

🎧 **Phonics Words** 파닉스 단어를 잘 듣고 따라 읽어 보세요. 이중모음 **oi ou oy**

coin soil loud mouth boy toy

Unit 09 장난감을 가진 소년 파닉스 단어 동전 | 흙 | (소리가) 큰 | 입 | 소년 | 장난감

73

The **boy** digs in the ground.
The **soil** is piled up.

The **boy** puts his **toy** in the hole.
The **boy** puts his **coins** in the hole.

It's raining all of a sudden.
The thunder is loud.

The boy takes his toy out of the hole.
The boy takes his coins out of the hole.

He covers his mouth with surprise.

He finds his old toy.

The rain washed the soil off the toy.

특히, ● 부분에 힘을 줘서
소리 내면 저절로 강세가 생기고
유창하게 말할 수 있어요!

Read It Yourself

○●을 손으로
짚어 가며 스스로
읽어 보세요.

The boy puts his toy in the hole.

The rain washed the soil off the toy.

Let's Practice

잘 듣고, 빈칸에 들어갈 글자를 선으로 이어 보세요.

09-1 문제 듣기

1

l _ _ d

2

c _ _ n

3

t _ _

oi

ou

oy

4

b _ _

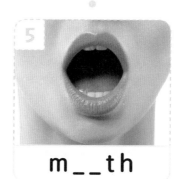

5

m _ _ th

6

s _ _ l

그림을 보고, 알맞은 단어를 쓰고 읽어 보세요.

1  The _____ digs in the ground.

2  The boy puts his _____ s in the hole.

3  The thunder is _____ .

| coin | soil | loud | mouth | boy | toy |

사진이 가리키는 단어를 찾아 소리 내어 말하고 ○표 하세요.

1

isoilkfhghe

2

vnwmouth

3

rtycvtoysd

1 The boy puts his toy and coins in the hole.

2 The boy takes his toy and coins out of the hole.

3 It's raining all of a sudden. The thunder is loud.

1

○ He covers his mouth with surprise.

○ He covers his head with surprise.

2

○ The coins are piled up.

○ The soil is piled up.

09-2 문제 듣기

1 a    b

2 a    b

3 a    b

4 a    b

Unit 10
The Purple World

10. mp3

🎧 **Phonics Words** 파닉스 단어를 잘 듣고 따라 읽어 보세요.

R 통제모음
ar **er** **ir** **or** **ur**

st**ar**

pap**er**

g**ir**l

col**or**

p**ur**ple

c**ur**ly

Unit 10 보라색 세상   파닉스 단어 별 | 종이 | 소녀 | 색깔 | 보라(색) | 곱슬곱슬한

Look at the girl.
The girl has curly hair.

The girl is drawing a picture.
The girl likes the color purple.

She draws a **purple** star on the paper.
She draws a **purple** tree, too.

The **purple** color gets on her **curly** hair.
The **purple** color gets on her fingers.

83

Oops! Look at the girl's picture.

The purple star is on the Milky Way.

The purple tree has many leaves.

특히, ● 부분에 힘을 줘서
소리 내면 저절로 강세가 생기고
유창하게 말할 수 있어요!

Read It Yourself

○●을 손으로
짚어 가며 스스로
읽어 보세요.

The girl has curly hair.

○　●　○　●　●

The girl likes the color purple.

○　●　●　○　●　●

Let's Practice

잘 듣고, 빈칸에 들어갈 글자를 선으로 이어 보세요.

10-1 문제 듣기

1

g_ _l

2

st_ _

3

c_ _ly

| ar | er | ir | or | ur |

4

pap_ _

5

col_ _

6

p_ _ple

85

1  The _____ has curly hair.

2  The girl likes the color _____ .

3  The purple _____ is on the Milky Way.

star	paper	girl	color	purple	curly

Speak & Circle 사진이 가리키는 단어를 찾아 소리 내어 말하고 ○표 하세요.

1  nrgpaperjg

2  curlyjghrw

3 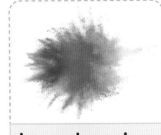 hecolorghw

86

문장을 읽고, 일치하는 그림에 문장 번호를 써 보세요.

1 The purple color gets on her curly hair.

2 The purple star is on the Milky Way.

3 The girl is drawing a picture.

그림을 보고, 알맞은 문장에 √를 하세요.

1

○ The purple tree has many leaves.

○ The blue tree has many leaves.

2

○ The girl has curly hair.

○ The girl has purple hair.

Listen & Choose 　문장을 듣고 일치하는 그림을 고르세요.

1 a 　　b

2 a 　　b

3 a 　　b

4 a 　　b

바빠 초등 파닉스 리딩 ②
받아쓰기 연습

 음원 듣기

① QR코드로 받아쓰기 음원을 듣고 빈칸에 단어를 채워 보세요.
② 본문을 확인한 후, 틀린 부분만 집중해서 다시 들어 보면 최고!

내가 틀린 문제를 스스로 확인하는 습관을 들이면, 아무리 바쁘더라도 공부 실력을 키울 수 있어요!

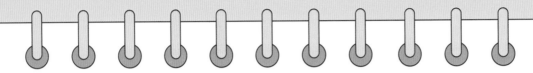

01 Alice Likes a Game

*들려주는 문장을 잘 듣고, 빈칸에 알맞은 단어를 써 보세요.

Alice sees the white rabbit.
The white rabbit ____ s Alice, too.

"Do you like games?"
"Games? Yes. I love ____ s."

"Oh, let's play a game. We have no time."
"Okay. We have no ____."

"Get in line. Write your name."
"Alice, get in line and write your ____."

"Alice, pay the money."
"How much is the fee?"
"The ____ is 500 dollars each."
"What?"

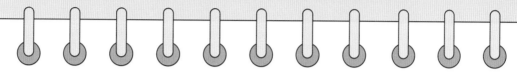

02 Mail from Megan

Today was a lucky day.
I got mail from Megan.

The _____ was her birthday card.
I hoped it was not a lie.

I bought a strawberry _____ .
I wore a red tie. The _____ looked good.

Suddenly, my dog ran up, wagging its _____ .
Oops! Be careful of my pie and tie.

Finally, I gave Megan the pie.
Oh! A _____ came out of the pie.
Today was not a lucky day.

03 A Barbecue Party at School

*들려주는 문장을 잘 듣고, 빈칸에 알맞은 단어를 써 보세요.

We have a _____ party at school.
The barbecue party has a special rule.

The kids should show something _____ .
The president likes the color blue.

Kevin wears a fancy blue _____ .
Clara wears a nice blue dress.

Rosa brings a blue toy _____ .
Jim brings some giant blue glue.

Oh, the _____ is flowing out.
The blue coat, the blue dress, and the blue
toy _____ get sticky.
We need some _____ .

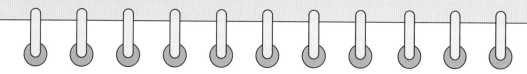

04 Clara Cleaning Up

*들려주는 문장을 잘 듣고, 빈칸에 알맞은 단어를 써 보세요.

Clara is very   .
She likes to clean everything.

"The classroom floor is very slippery.
I will clean the   ."

"The black blanket is very dirty.
I will wash the   ."

Now, the   is clean.
The blanket is   .

Thanks to her, the classroom is clean.
The students give her   s.
"Thank you, Clara."

05 I Need Cream Bread

*들려주는 문장을 잘 듣고, 빈칸에 알맞은 단어를 써 보세요.

"Excuse me. How can I get to Kim's Bakery?
I need _____ ."

"Oh, it's next to the _____ station.
You can see a very big tree, too."

"Excuse me. How can I get to Kim's Bakery?
I need cream bread."

"Oh, you should _____ the river.
You can see the _____ ."

Finally, I arrived at Kim's Bakery.
"Can I have some _____ ?"
"Oh, sorry. It is sold out."
"Oh, nooooooooo!"

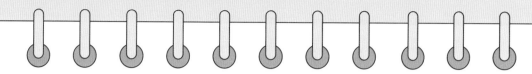

06 The Snail and the Sloth

*들려주는 문장을 잘 듣고, 빈칸에 알맞은 단어를 써 보세요.

The　　　　　is　　　　　and slow.
The sloth is big and slow.

The snail and the sloth are best friends.
The　　　　　and the sloth will meet at 5.

The snail sees a snack, so she stops.
The sloth sees a　　　　　, so he　　　　　s.

The　　　　　walks one small step at a time.
The sloth walks one small　　　　　at a time.

They are very slow, so it gets dark.
They forget they have a smartphone.
They are not so　　　　　.

07 The Long, Short, Thick Snowman

*들려주는 문장을 잘 듣고, 빈칸에 알맞은 단어를 써 보세요.

Hmm, this stick is too thick.
This stick is too _____.

The _____ stick is strong.
The thin stick is not strong.

Hmm, this string is too long.
This _____ is too short.

The long string is for a skirt.
The short _____ is for a shirt.

Oops! This snowman has _____ arms.
It is wearing a skirt with a _____ string.
It is wearing a _____ with a short string.

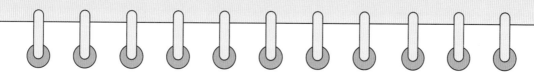

08 The Whale under the Wheel

*들려주는 문장을 잘 듣고, 빈칸에 알맞은 단어를 써 보세요.

A _____ is on the table.
A _____ is on the cheesecake.

Some chicken is on the table.
Some white sauce is on the _____.

A white whale comes into the kitchen.
The _____ whale is hungry.

The white _____ eats cheesecake and
chicken with _____ sauce.

Suddenly, a wheel comes into the kitchen.
The _____ goes round and round.
The white whale is under the _____.

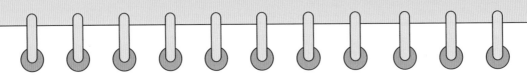

09 The Boy with a Toy

The   digs in the ground.

The   is piled up.

The   puts his toy in the hole.

The boy puts his   s in the hole.

It's raining all of a sudden.

The thunder is   .

The boy takes his   out of the hole.

The   takes his coins out of the hole.

He covers his   with surprise.

He finds his old toy.

The rain washed the   off the toy.

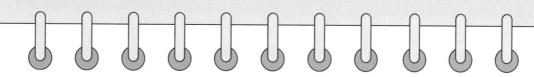

10 The Purple World

*들려주는 문장을 잘 듣고, 빈칸에 알맞은 단어를 써 보세요.

Look at the   .
The girl has   hair.

The girl is drawing a picture.
The girl likes the   purple.

She draws a   star on the paper.
She draws a purple tree, too.

The purple   gets on her curly hair.
The   color gets on her fingers.

Oops! Look at the girl's picture.
The purple   is on the Milky Way.
The   tree has many leaves.

전 세계 어린이들이 가장 많이 읽는
영어동화 100편 시리즈

원어민 음원 QR 제공

명작동화

과학동화

위인동화 | 각 권 16,800원 | 세트 49,000원

더 경제적!

영어교육과 교수님부터 영재연구소, 미국 초등 선생님까지 강력 추천!

아이들에게 '나도 영어로 책을 읽을 수 있구나' 하는 자신감을 키워 줍니다. —박윤빈 원장님(용인 '투래빗 잉글리시')

초등 영단어 베스트셀러

짝 단어로 끝내는

바빠 초등 영단어

3·4 학년용

★ ★ ★
짝 단어로 의미있게 외운다!

단어가 오래 남는 과학적 학습법

접어서 사용해 봐!

원어민처럼 기억하는 짝 단어 학습법! 외우는 시간은 비슷해도 효과는 2배 이상

단어가 오래 남는 과학적 학습법! 이미지 연상·망각 방지용 치밀한 복습 설계

이지스에듀

🎧 원어민 MP3 제공 | 바빠 3·4 영단어 | 15,000원

특별부록 스스로 시험 보는 **영단어 쓰기 노트**

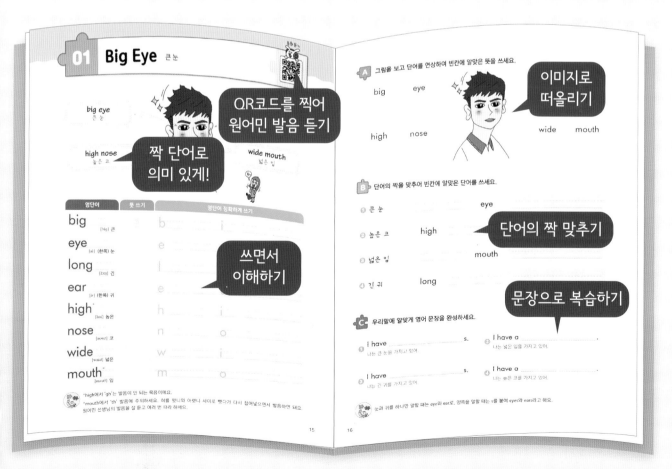

※바쁜 5·6학년을 위한 빠른 영단어도 있어요!

바빠^{시리즈} 초등 학년별 추천 도서

학년	학기별 연산책 바빠 교과서 연산 학기 중, 선행용으로 추천!	나 혼자 푼다 바빠 수학 문장제 학교 시험 서술형 완벽 대비!
1학년	· 바빠 교과서 연산 1-1 · 바빠 교과서 연산 1-2	· 나 혼자 푼다 바빠 수학 문장제 1-1 · 나 혼자 푼다 바빠 수학 문장제 1-2
2학년	· 바빠 교과서 연산 2-1 · 바빠 교과서 연산 2-2	· 나 혼자 푼다 바빠 수학 문장제 2-1 · 나 혼자 푼다 바빠 수학 문장제 2-2
3학년	· 바빠 교과서 연산 3-1 · 바빠 교과서 연산 3-2	· 나 혼자 푼다 바빠 수학 문장제 3-1 · 나 혼자 푼다 바빠 수학 문장제 3-2
4학년	· 바빠 교과서 연산 4-1 · 바빠 교과서 연산 4-2	· 나 혼자 푼다 바빠 수학 문장제 4-1 · 나 혼자 푼다 바빠 수학 문장제 4-2
5학년	· 바빠 교과서 연산 5-1 · 바빠 교과서 연산 5-2	· 나 혼자 푼다 바빠 수학 문장제 5-1 · 나 혼자 푼다 바빠 수학 문장제 5-2
6학년	· 바빠 교과서 연산 6-1 · 바빠 교과서 연산 6-2	· 나 혼자 푼다 바빠 수학 문장제 6-1 · 나 혼자 푼다 바빠 수학 문장제 6-2

'바빠 교과서 연산'과
'나 혼자 문장제'를
함께 풀면
한 학기 수학 완성!

· 학기별 계산력
· 학기별 계산력 강화 프로그램

바쁜
3학년을
위한

바쁜
3학년을
위한
빠른
교과서
연산

등학생을 위한 빠른 학습법 — 서술형 기본서

나혼자푼다! 다!
수학 문장제 초등 3-2 초등 3-1

⏱ 5분 공부해도 15분 공부한 효과!
· 친구들이 자주 틀린 연산을 모아 푸는 게 비밀!
· 스스로 집중하는 목표 시계의 놀라운 효과!

새 교육과정 완벽 반영!
2학기 교과서 순서와 똑같아
공부하기 좋아요!

· 막막하지 않아요! 빈칸을 채우면 풀이와 답 완성!
· 주관식부터 서술형까지, 학교 시험 걱정 해결!

3-1 3-2학기

학교 시험 서술형 완료 cil!

재미있는 파닉스 동화로 시작하는 **첫 영어 리딩!**

바빠 초등 파닉스 리딩 ②

정답 및 해석

이 책으로 지도하는
선생님과 학부모님을
위해 준비했어요.

Phonics Reading

이지스에듀

정답 및 해석 200% 활용법

⭐ 이야기의 재미와 호기심을 자극해 주세요.

각 유닛의 상단에 이야기를 상상해 볼 수 있는 한글 해석을 수록했습니다. 각 유닛의 공부를 시작하기 전 아이에게 읽어 주며, 본문의 첫 번째 페이지 그림을 보고 등장인물과 이야기를 상상해 보게 하세요.

Unit 01 Alice Likes a Game
앨리스는 게임을 좋아해

앨리스는 흰토끼를 따라 낯선 곳으로 게임을 하러 가요. 그런데 게임을 하기도 전에, 이것저것 시키는 게 많아요. 줄도 서야 하고, 이름도 써야 하고, 요금까지 내야 한대요. 앨리스는 게임하러 갈 수 있을까요?

> 아이가 각 유닛의 첫 페이지 그림을 볼 때, 이 내용을 읽어 주어 재미와 호기심을 자극해 주세요!

Let's Read

10~12p

Alice sees **the white rabbit.**
앨리스는 흰토끼를 봐요.

The white rabbit sees **Alice, too.**
그 흰토끼도 앨리스를 봐요.

⭐ 문제의 정답을 확인한 뒤, 자주 틀리는 영역에 신경 써 주세요.

언어의 4가지 영역(쓰기, 말하기, 읽기, 듣기) 문제의 정답을 확인해 보세요. 틀린 문제는 ★표를 쳐 놓고 다시 풀게 해 주세요. 그리고 반복해서 틀리는 영역이 있다면 그 영역에 더 신경 써서 지도해 주세요.

⭐ Word Check: 잘 읽지 못하는 단어를 체크해 주세요!

각 유닛의 공부가 끝날 때마다 아이가 배운 단어를 읽을 수 있는지 체크해 주세요. 잘 읽지 못하는 단어가 있다면 그 단어만 모아 복습시켜 주세요.

재미있는 파닉스 동화로 시작하는 **첫 영어 리딩!**

바빠 초등
파닉스 리딩②
정답 및 해석

이지스에듀

Unit 01 Alice Likes a Game
앨리스는 게임을 좋아해

앨리스는 흰토끼를 따라 낯선 곳으로 게임을 하러 가요. 그런데 게임을 하기도 전에, 이것저것 시키는 게 많아요. 줄도 서야 하고, 이름도 써야 하고, 요금까지 내야 한대요. 앨리스는 게임하러 갈 수 있을까요?

10~12p

Let's Read

Alice sees the white rabbit.
앨리스는 흰토끼를 봐요.

The white rabbit sees Alice, too.
그 흰토끼도 앨리스를 봐요.

"Do you like games?"
"너 게임 좋아하니?"

"Games? Yes. I love games."
"게임? 응, 나 게임 좋아해."

"Oh, let's play a game. We have no time."
"오, 게임하러 가자. 우리 시간이 없어."

"Okay. We have no time."
"알겠어. 우리 시간이 없구나."

"Get in line. Write your name."
"줄을 서시오. 이름을 쓰시오."

"Alice, get in line and write your name."
"앨리스. 줄을 서고, 네 이름을 써."

 white(하얀), like(좋아하다)의 i도 장모음 i[아이] 소리가 납니다. 참고로 play(놀다), pay(지불하다)의 장모음 ay[에이]도 함께 지도해 주세요.

"Alice, pay the money."
"앨리스, 요금을 내."

"How much is the fee?"
"요금이 얼마인데?"

"The fee is 500 dollars each."
"요금은 각각 500달러야."

"What?"
"뭐라고?"

Let's Practice

13~16p

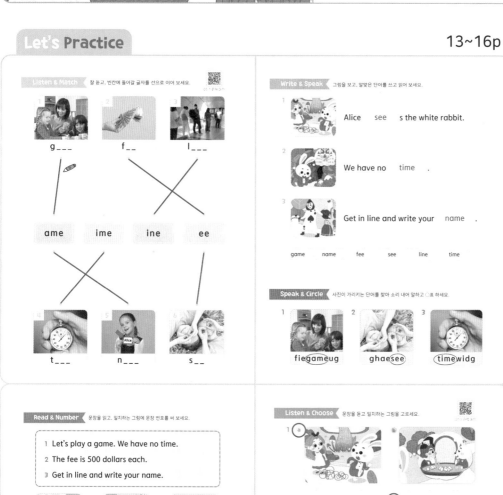

Listen & Match
잘 듣고, 빈칸에 들어갈 글자를 선으로 이어 보세요.

g___   f__   l___

ame   ime   ine   ee

t___   n___   s__

Write & Speak
그림을 보고, 알맞은 단어를 쓰고 읽어 보세요.

1. Alice see s the white rabbit.
2. We have no time .
3. Get in line and write your name .

game   name   fee   see   line   time

Speak & Circle
사진이 가리키는 단어를 찾아 소리 내어 말하고 ○표 하세요.

1. fiegameug
2. ghaesee
3. timewidg

Read & Number
문장을 읽고, 일치하는 그림에 문장 번호를 써 보세요.

1 Let's play a game. We have no time.
2 The fee is 500 dollars each.
3 Get in line and write your name.

1   3   2

Read & Check
그림을 보고, 알맞은 문장에 ✓를 하세요.

1.
✓ Do you like games?
○ Do you like watches?

2.
✓ We have no time.
○ We have no line.

Listen & Choose
문장을 듣고 일치하는 그림을 고르세요.

1 a / b
2 a / b
3 a / b
4 a / b

어려웠던 영역은 꼭 다시 한 번 반복하세요!

3

Unit 02
Mail from Megan

메건에게서 온 편지

나는 오늘이 행운의 날이라고 생각해요. 좋아하는 메건의 생일에 초대받았으니까요. 그래서 멋지게 차려입고, 딸기 파이를 준비해서 메건의 생일 파티에 갔어요. 그런데 선물을 받은 메건의 표정이 이상해요. 선물이 마음에 안 들었을까요?

18~20p

Let's Read

Today was a lucky day.
오늘은 행운의 날이었어요.

I got mail from Megan.
나는 메건에게 편지를 받았어요.

The mail was her birthday card.
그 편지는 그녀의 생일 카드였어요.

I hoped it was not a lie.
나는 거짓말이 아니길 바랐어요.

I bought a strawberry pie.
나는 딸기 파이를 샀어요.

I wore a red tie. The tie looked good.
나는 빨간 타이를 맸어요. 그 타이는 좋아 보였어요.

Suddenly, my dog ran up, wagging its tail.
갑자기, 내 강아지가 꼬리를 흔들며 달려들었어요.

Oops! Be careful of my pie and tie.
어머! 내 파이랑 타이 좀 조심해줘.

 today(오늘), day(날)의 ay도 장모음 ay[에이] 소리가 납니다. Unit 01에서 배운 play(놀다), pay(지불하다)와 함께 연결해서 지도해 주세요.

4

Finally, I gave Megan the pie.
마침내, 나는 메건에게 그 파이를 줬어요.

Oh! A nail came out of the pie.
오! 파이에서 못이 나왔어요.

Today was not a lucky day.
오늘은 행운의 날이 아니었네요.

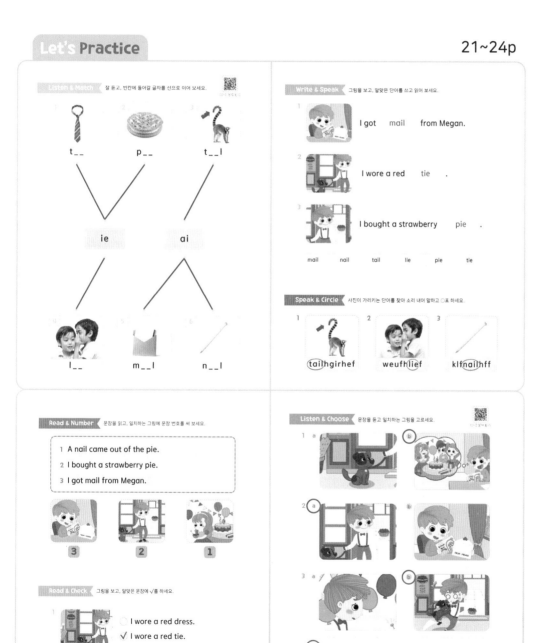

Let's Practice

21~24p

Listen & Match 잘 듣고, 빈칸에 들어갈 글자를 선으로 이어 보세요.

1. t_ _
2. p_ _
3. t_ _l

ie   ai

4. l_ _
5. m_ _l
6. n_ _l

Write & Speak 그림을 보고, 알맞은 단어를 쓰고 읽어 보세요.

1. I got   mail   from Megan.
2. I wore a red   tie   .
3. I bought a strawberry   pie   .

mail   nail   tail   lie   pie   tie

Speak & Circle 사진이 가리키는 단어를 찾아 소리 내어 말하고 ○표 하세요.

1. tailhgirhef
2. weufhlief
3. klfnailhff

Read & Number 문장을 읽고, 일치하는 그림에 문장 번호를 써 보세요.

1 A nail came out of the pie.
2 I bought a strawberry pie.
3 I got mail from Megan.

3   2   1

Read & Check 그림을 보고, 알맞은 문장에 √를 하세요.

1. ○ I wore a red dress.
   √ I wore a red tie.

2. ○ My dog ran up, wagging its head.
   √ My dog ran up, wagging its tail.

Listen & Choose 문장을 듣고 일치하는 그림을 고르세요.

1. a   b
2. a   b
3. a   b
4. a   b

어려웠던 영역은 꼭 다시 한 번 반복하세요!

5

Unit 03

A Barbecue Party at School

학교에서 하는 바비큐 파티

학교에서 바비큐 파티가 벌어졌어요. 파티에는 특별한 규칙이 있는데요. 참여하는 아이들은 파란색 물건을 꼭 보여줘야 한대요. 이 특별한 바비큐 파티는 과연 재미있을까요?

26~28p

Let's Read

We have a barbecue **party at school.**

우리 학교에서 바비큐 파티가 열려요.

The barbecue **party has a special rule.**

바비큐 파티에는 특별한 규칙이 있어요.

The kids should show something blue.

아이들은 파란색의 물건을 보여줘야 해요.

The president likes the color blue.

교장 선생님이 파란색을 좋아해요.

Kevin wears a fancy blue **coat.**

케빈은 멋진 파란 코트를 입고 있어요.

Clara wears a nice blue **dress.**

클라라는 예쁜 파란 드레스를 입고 있어요.

Rosa brings a blue **toy** boat.

로사는 파란 장난감 보트를 가지고 있어요.

Jim brings some giant blue glue.

짐은 거대한 파란 풀을 가지고 있어요.

 rule(규칙)의 u에도 장모음 u[우] 소리가 난다는 것을 함께 지도해 주세요.

Oh, the glue is flowing out.
오, 그 풀이 흘러나오고 있어요.

The blue coat, the blue dress,
and the blue toy boat get sticky.
파란 코트, 파란 드레스, 파란 장난감 보트가 끈적끈적해
져요.

We need some soap.
우리는 비누가 필요해요.

Let's Practice

29~32p

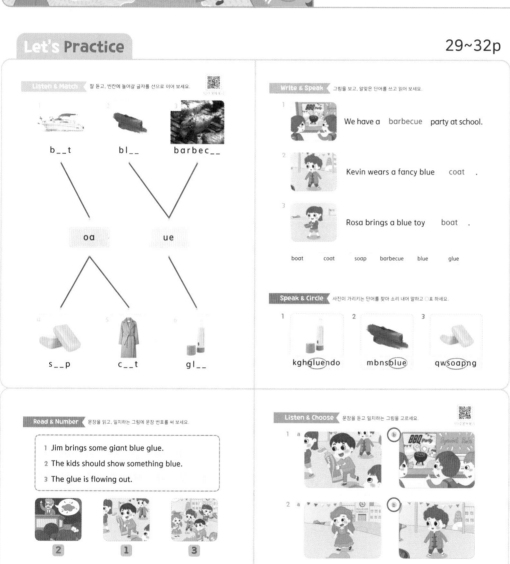

Listen & Match 잘 듣고, 빈칸에 들어갈 글자를 선으로 이어 보세요.

1. b _ _ t
2. bl _ _
3. barbec _ _

oa   ue

4. s _ _ p
5. c _ _ t
6. gl _ _

Write & Speak 그림을 보고, 알맞은 단어를 쓰고 읽어 보세요.

1. We have a   barbecue   party at school.
2. Kevin wears a fancy blue   coat   .
3. Rosa brings a blue toy   boat   .

boat   coat   soap   barbecue   blue   glue

Speak & Circle 사진이 가리키는 단어를 찾아 소리 내어 말하고 ○표 하세요.

1. kgh**glue**ndo
2. mbns**blue**
3. qws**soap**ng

Read & Number 문장을 읽고, 일치하는 그림에 문장 번호를 써 보세요.

1 Jim brings some giant blue glue.
2 The kids should show something blue.
3 The glue is flowing out.

2   1   3

Read & Check 그림을 보고, 알맞은 문장에 √를 하세요.

1.
◯ We need a coat.
√ We need some soap.

2.
√ Clara wears a nice blue dress.
◯ Clara wears nice blue glasses.

Listen & Choose 문장을 듣고 일치하는 그림을 고르세요.

1 a   b
2 a   b
3 a   b
4 a   b

어려웠던 영역은
꼭 다시 한 번
반복하세요!

Unit 04

Clara Cleaning Up

청소하는 클라라

클라라는 학교에서 청소를 맡고 있어요. 깨끗하게 청소하는 걸 좋아하죠. 학교를 깨끗하게 만들어 주는 클라라가 고마운 학생들은 클라라에게 마음을 표현했는데요. 어떻게 표현했을까요?

34~36p

Let's Read

Clara is very clean.
클라라는 아주 깨끗해요.

She likes to clean everything.
그녀는 뭐든지 청소하는 것을 좋아해요.

"The classroom floor is very slippery.
"교실 바닥은 아주 미끄러워요.

I will clean the classroom floor."
나는 교실 바닥을 청소할 거예요."

"The black blanket is very dirty.
"검정색 담요는 아주 더러워요.

I will wash the black blanket."
나는 검정색 담요를 빨거예요."

Now, the floor is clean.
이제, 바닥은 깨끗해요.

The blanket is clean.
담요는 깨끗해요.

 Clara의 cl도 연속자음 cl과 연결해서 지도해 주세요.

8

Thanks to her, the classroom is clean.

그녀 덕분에, 교실은 깨끗해요.

The students give her flowers.

학생들이 그녀에게 꽃을 주어요.

"Thank you, Clara."

"고마워요, 클라라."

Let's Practice

37~40p

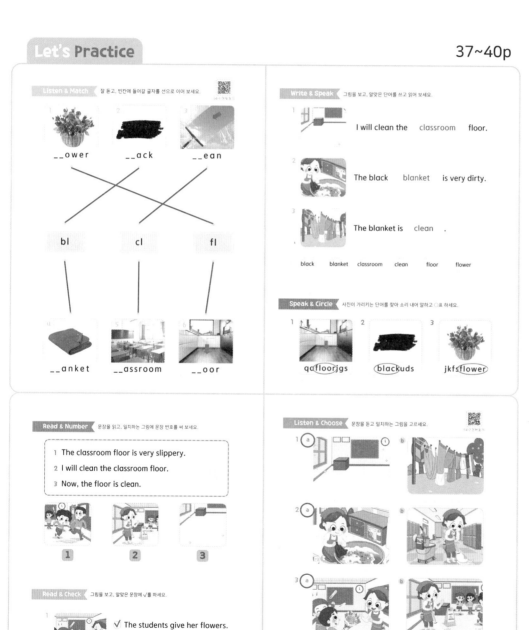

Listen & Match 잘 듣고, 빈칸에 들어갈 글자를 선으로 이어 보세요.

1 __ o w e r
2 __ a c k
3 __ e a n

bl   cl   fl

4 __ a n k e t
5 __ a s s r o o m
6 __ o o r

Write & Speak 그림을 보고, 알맞은 단어를 쓰고 읽어 보세요.

1 I will clean the   classroom   floor.

2 The black   blanket   is very dirty.

3 The blanket is   clean   .

black   blanket   classroom   clean   floor   flower

Speak & Circle 사진이 가리키는 단어를 찾아 소리 내어 말하고 ○표 하세요.

1 qa(floor)jgs
2 (black)uds
3 jkfs(flower)

Read & Number 문장을 읽고, 일치하는 그림에 문장 번호를 써 보세요.

1 The classroom floor is very slippery.
2 I will clean the classroom floor.
3 Now, the floor is clean.

1   2   3

Read & Check 그림을 보고, 알맞은 문장에 √를 하세요.

1 ✓ The students give her flowers.
　 ○ The students give her blankets.

2 ✓ Clara is very clean.
　 ○ Clara is very dirty.

Listen & Choose 문장을 듣고 일치하는 그림을 고르세요.

1 a   b
2 a   b
3 a   b
4 a   b

어려웠던 영역은
꼭 다시 한 번
반복하세요!

Unit 05
I Need Cream Bread
나는 크림빵이 필요해

개미는 킴스베이커리에 크림빵을 사러 가요. 처음 가는 킴스베이커리를 찾기 위해 주변 개미들에게 길을 물어보며 열심히 찾아가요. 개미는 킴스베이커리에 도착해서 크림빵을 살 수 있었을까요?

42~44p

Let's Read

"Excuse me. How can I get to Kim's Bakery?
"실례합니다, 킴스베이커리에 어떻게 가나요?

I need cream bread."
저는 크림빵이 필요하거든요."

"Oh, it's next to the train station.
"오, 기차역 옆에 있어요.

You can see a very big tree, too."
아주 큰 나무도 보일 거고요."

"Excuse me. How can I get to Kim's Bakery?
"실례합니다, 킴스베이커리에 어떻게 가나요?

I need cream bread."
저는 크림빵이 필요하거든요."

"Oh, you should cross the river.
"오, 강을 건너야 해요.

You can see the bridge."
다리가 보일 거예요."

 길 묻기 표현(Excuse me, How can I get to ~?)과 위치 설명 표현(It's next to ~, You can see ~)을 잘 기억할 수 있게 반복 지도해 주세요.

Finally, I arrived at Kim's Bakery.
마침내, 킴스베이커리에 도착했어요.

"Can I have some cream bread?"
"크림빵 좀 살 수 있을까요?"

"Oh, sorry. It is sold out."
"오, 미안해요. 다 팔렸어요."

"Oh, noooooooooo!"
"오, 안돼애애애애애애!"

Let's Practice

45~48p

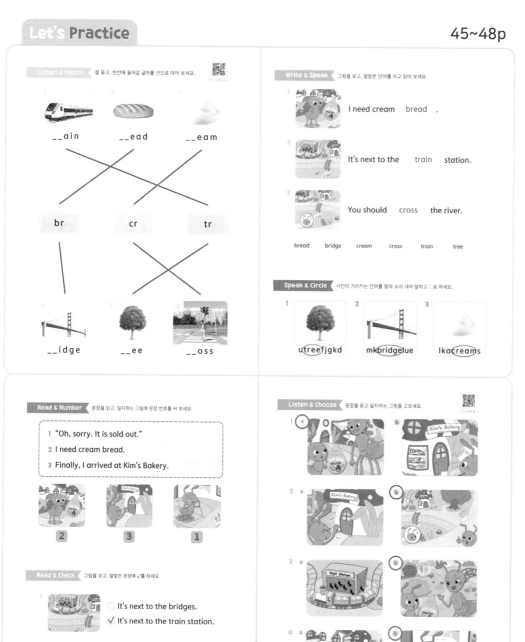

Listen & Match 잘 듣고, 빈칸에 들어갈 글자를 선으로 이어 보세요.

1 __ a i n
2 __ e a d
3 __ e a m

br   cr   tr

4 __ i d g e
5 __ e e
6 __ o s s

Write & Speak 그림을 보고, 알맞은 단어를 쓰고 읽어 보세요.

1 I need cream   bread   .

2 It's next to the   train   station.

3 You should   cross   the river.

bread   bridge   cream   cross   train   tree

Speak & Circle 사진이 가리키는 단어를 찾아 소리 내어 말하고 ○표 하세요.

1 utreefjgkd
2 mkbridgelue
3 lkacreams

Read & Number 문장을 읽고, 일치하는 그림에 문장 번호를 써 보세요.

1 "Oh, sorry. It is sold out."
2 I need cream bread.
3 Finally, I arrived at Kim's Bakery.

2   3   1

Read & Check 그림을 보고, 알맞은 문장에 √를 하세요.

1
○ It's next to the bridges.
√ It's next to the train station.

2
○ You should cross the tree.
√ You should cross the river.

Listen & Choose 문장을 듣고 일치하는 그림을 고르세요.

1 a   b
2 a   b
3 a   b
4 a   b

어려웠던 영역은 꼭 다시 한 번 반복하세요!

11

The Snail and the Sloth

달팽이와 나무늘보

달팽이와 나무늘보는 가장 친한 친구들이에요. 이 둘은 오늘 만나기로 약속했어요. 그런데 느린 두 친구들이 길에서 발견한 간식까지 서로 먹느라 더 늦어지네요. 오늘 안에 두 친구는 만날 수 있을까요?

Let's Read

50~52p

The snail is small and slow.
달팽이는 작고 느려요.
The sloth is big and slow.
나무늘보는 크고 느려요.

The snail and the sloth are best friends.
달팽이와 나무늘보는 제일 친한 친구들이에요.
The snail and the sloth will meet at 5.
달팽이와 나무늘보는 5시에 만날 거예요.

The snail sees a snack, so she stops.
달팽이는 간식을 보고, 멈춰요.
The sloth sees a snack, so he stops.
나무늘보는 간식을 보고, 멈춰요.

The snail walks one small step at a time.
달팽이는 한 번에 작은 걸음을 걸어요.
The sloth walks one small step at a time.
나무늘보는 한 번에 작은 걸음을 걸어요.

sloth(나무늘보), slow(느린)의 sl도 연속자음 sl로 묶어서 지도해 주세요.

12

They are very slow, so it gets dark.
그들은 아주 느려서 날이 저물고 있어요.

They forget they have a smartphone.
그들은 스마트폰을 가지고 있다는 걸 잊었어요.

They are not so smart.
그들은 정말 똑똑하지 않아요.

Let's Practice

53~56p

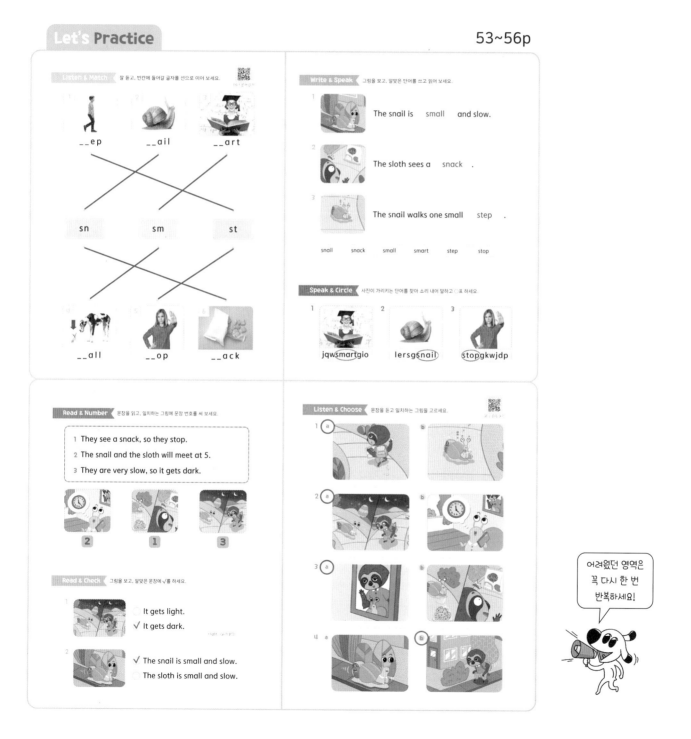

Listen & Match 잘 듣고, 빈칸에 들어갈 글자를 선으로 이어 보세요.

__ep   __ail   __art

sn   sm   st

__all   __op   __ack

Write & Speak 그림을 보고, 알맞은 단어를 쓰고 읽어 보세요.

1 The snail is _small_ and slow.

2 The sloth sees a _snack_.

3 The snail walks one small _step_.

snail snack small smart step stop

Speak & Circle 사진이 가리키는 단어를 찾아 소리 내어 말하고 ○표 하세요.

1 jqwsmartgio   2 lersgsnail   3 stopgkwjdp

Read & Number 문장을 읽고, 일치하는 그림에 문장 번호를 써 보세요.

1 They see a snack, so they stop.
2 The snail and the sloth will meet at 5.
3 They are very slow, so it gets dark.

2   1   3

Read & Check 그림을 보고, 알맞은 문장에 √를 하세요.

1 It gets light.
√ It gets dark.

2 √ The snail is small and slow.
The sloth is small and slow.

Listen & Choose 문장을 듣고 일치하는 그림을 고르세요.

1 ⓐ   ⓑ
2 ⓐ   ⓑ
3 ⓐ   ⓑ
4 ⓐ   ⓑ

어려웠던 영역은 꼭 다시 한 번 반복하세요!

13

Unit 07
The Long, Short, Thick Snowman
길고, 짧고, 두꺼운 눈사람

아이는 눈사람을 만들고 있어요. 이제 마지막으로 팔을 완성하고 옷만 입히면 되는데요. 그런데 무언가 맘에 안 드나 봐요. 아이가 완성한 눈사람은 어떤 모습일까요?

Let's Read

58~60p

Hmm, this stick is too thick.
음, 이 막대는 너무 두꺼워요.

This stick is too thin.
이 막대는 너무 얇아요.

The thick stick is strong.
이 두꺼운 막대는 튼튼해요.

The thin stick is not strong.
이 얇은 막대는 튼튼하지 않아요.

Hmm, this string is too long.
음, 이 줄은 너무 길어요.

This string is too short.
이 줄은 너무 짧아요.

The long string is for a skirt.
이 긴 끈은 치마에 써야지.

The short string is for a shirt.
이 짧은 끈은 셔츠에 써야지.

 thick, thin의 th는 θ[쓰] 소리가 나고, this(이것)의
th는 ð[드] 소리가 나는 차이점도 지도해 주세요.

14

Oops! This snowman has thick arms.
어머! 이 눈사람은 팔이 두껍네요.

It is wearing a skirt with a long string.
긴 끈이 있는 치마도 입고 있어요.

It is wearing a shirt with a short string.
짧은 끈이 있는 셔츠도 입고 있어요.

Let's Practice

61~64p

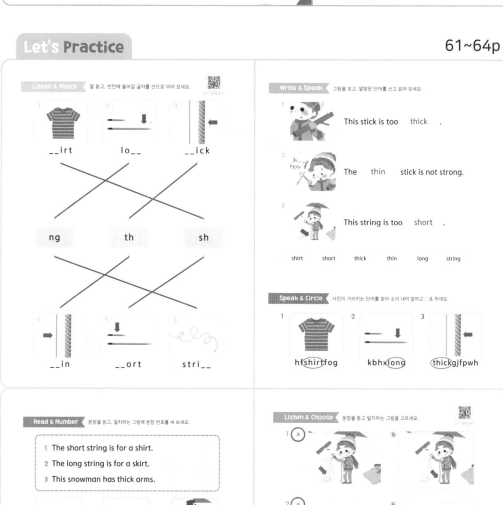

Listen & Match 잘 듣고, 빈칸에 들어갈 글자를 선으로 이어 보세요.

1. __irt
2. lo__
3. __ick

ng   th   sh

4. __in
5. __ort
6. stri__

Write & Speak 그림을 보고, 알맞은 단어를 쓰고 읽어 보세요.

1. This stick is too   thick   .
2. The   thin   stick is not strong.
3. This string is too   short   .

shirt   short   thick   thin   long   string

Speak & Circle 사진이 가리키는 단어를 찾아 소리 내어 말하고 ○표 하세요.

1. hf**shirt**fog
2. kbhx**long**
3. **thick**gjfpwh

Read & Number 문장을 읽고, 일치하는 그림에 문장 번호를 써 보세요.

1 The short string is for a shirt.
2 The long string is for a skirt.
3 This snowman has thick arms.

1   **2**   **3**

Read & Check 그림을 보고, 알맞은 문장에 √를 하세요.

1.
√ It is wearing a skirt with a long string.
○ It is wearing a skirt with a short string.

2.
○ The thin stick is strong.
√ The thin stick is not strong.

Listen & Choose 문장을 듣고 일치하는 그림을 고르세요.

1. ⓐ   ⓑ
2. ⓐ   ⓑ
3. ⓐ   ⓑ
4. ⓐ   ⓑ

어려웠던 영역은 꼭 다시 한 번 반복하세요!

15

Unit 08

The Whale Under the Wheel

바퀴에 깔린 고래

배가 고팠던 흰고래는 집에 오자마자 식사를 해요. 흰고래는 체리가 올려진 치즈 케이크와 하얀 소스의 치킨이 너무 맛있어서 정신없이 먹고 있는데요. 그래서 집 밖의 소란을 눈치채지 못했어요. 과연 흰고래는 식사를 즐겁게 마칠 수 있을까요?

Let's Read

66~68p

A cheesecake is on the table.
치즈 케이크는 테이블 위에 있어요.

A cherry is on the cheesecake.
체리는 치즈 케이크 위에 있어요.

Some chicken is on the table.
치킨은 테이블 위에 있어요.

Some white sauce is on the chicken.
하얀 소스는 치킨 위에 있어요.

A white whale comes into the kitchen.
흰고래가 부엌으로 들어와요.

The white whale is hungry.
흰고래는 배가 고파요.

The white whale eats cheesecake and chicken with white sauce.
흰고래가 치즈 케이크와 하얀 소스가 뿌려진 치킨을 먹어요.

 on(~위에), into(~안으로), under(~아래에) 같은 단어는 그림과 연결해서 지도해 주세요.

16

Suddenly, a wheel comes into the kitchen.

갑자기, 바퀴가 부엌으로 들어와요.

The wheel goes round and round.

바퀴는 데굴데굴 굴러와요.

The white whale is under the wheel.

흰고래는 바퀴에 깔려요.

Let's Practice

69~72p

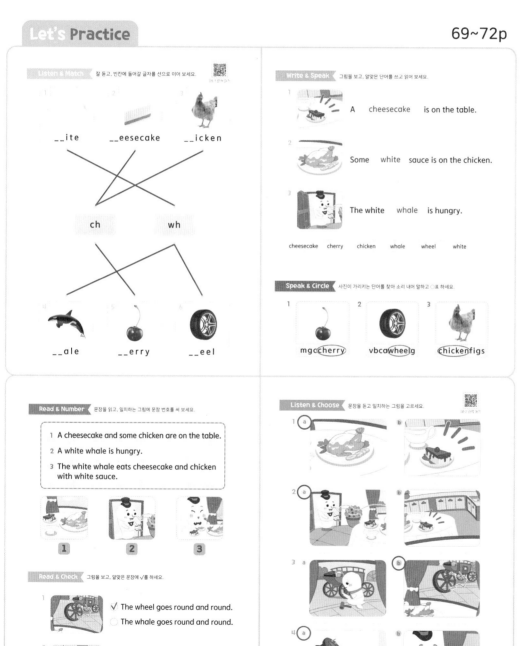

Unit 09

The Boy with a Toy

장난감을 가진 소년

소년은 혼자 땅을 파서 장난감과 동전을 구덩이에 넣으며 모래놀이를 해요. 그런데 갑자기 비가 와요. 소년은 구덩이에 넣었던 장난감과 동전을 꺼내는데, 거기서 다른 것도 발견하네요. 그것은 무엇이었을까요?

74~76p

Let's Read

The boy digs in the ground.
소년은 땅을 파요.

The soil is piled up.
모래가 쌓여요.

The boy puts his toy in the hole.
소년은 구덩이 안에 장난감을 넣어요.

The boy puts his coins in the hole.
소년은 구덩이 안에 동전들을 넣어요.

It's raining all of a sudden.
갑자기 비가 내려요.

The thunder is loud.
천둥은 소리가 커요.

The boy takes his toy out of the hole.
소년은 구덩이 밖으로 장난감을 꺼내요.

The boy takes his coins out of the hole.
소년은 구덩이 밖으로 동전들을 꺼내요.

 out(밖으로)의 ou도 이중모음과 연결해서 지도해 주세요.

He covers his mouth with surprise.
그가 놀라서 입을 막았어요.

He finds his old toy.
그는 자신의 오래된 장난감을 찾았어요.

The rain washed the soil off the toy.
그 비가 장난감의 모래를 씻어냈어요.

Let's Practice

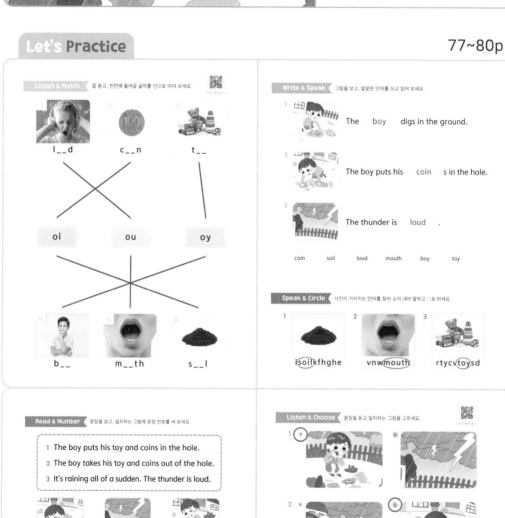

Listen & Match 잘 듣고, 빈칸에 들어갈 글자를 선으로 이어 보세요.

l__d   c__n   t__

oi   ou   oy

b__   m__th   s__l

Write & Speak 그림을 보고, 알맞은 단어를 쓰고 읽어 보세요.

1. The　boy　digs in the ground.

2. The boy puts his　coin　s in the hole.

3. The thunder is　loud　.

coin   soil   loud   mouth   boy   toy

Speak & Circle 사진이 가리키는 단어를 찾아 소리 내어 말하고 ○표 하세요.

1. isoilkfhghe
2. vnwmouth
3. rtycvtoysd

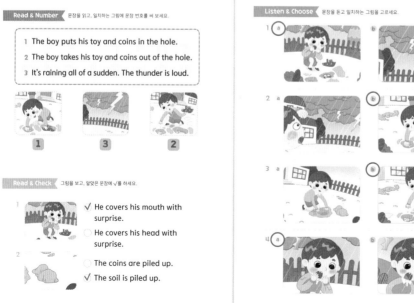

Read & Number 문장을 읽고, 일치하는 그림에 문장 번호를 써 보세요.

1 The boy puts his toy and coins in the hole.
2 The boy takes his toy and coins out of the hole.
3 It's raining all of a sudden. The thunder is loud.

1   3   2

Read & Check 그림을 보고, 알맞은 문장에 √를 하세요.

1. √ He covers his mouth with surprise.
　 ○ He covers his head with surprise.

　 ○ The coins are piled up.
　 √ The soil is piled up.

Listen & Choose 문장을 듣고 일치하는 그림을 고르세요.

1 ⓐ　b
2 a　ⓑ
3 a　ⓑ
4 ⓐ　b

어려웠던 영역은
꼭 다시 한 번
반복하세요!

19

Unit 10
The Purple World
보라색 세상

보라색을 좋아하는 소녀는 보라색으로 그림을 그려요. 별도, 나무도 온통 보라색이에요. 그림에 너무 열중했는지 손과 머리카락에 보라색이 잔뜩 묻어요. 그래도 그림 그리기를 멈추지 않는 소녀! 그 그림은 어떻게 완성되었을까요?

Let's Read

82~84p

Look at the girl.
소녀를 봐요.

The girl has curly hair.
그 소녀는 곱슬머리예요.

The girl is drawing a picture.
그 소녀는 그림을 그리고 있어요.

The girl likes the color purple.
그 소녀는 보라색을 좋아해요.

She draws a purple star on the paper.
그녀는 종이에 보라색 별을 그려요.

She draws a purple tree, too.
그녀는 보라색 나무도 그려요.

The purple color gets on her curly hair.
보라색이 그녀의 곱슬머리에 묻어요.

The purple color gets on her fingers.
보라색이 그녀의 손가락에 묻어요.

 1, 2권에서 배운 색깔 단어 red(빨강), blue(파랑), yellow(노랑), white(하얀), black(검정)을
떠올리며 purple(보라) 대신 다른 색깔 단어로 문장을 만들어 보도록 지도해 주세요.

20

Oops! Look at the girl's picture.
어머! 그 소녀의 그림을 봐요.

The purple star is on the Milky Way.
그 보라색 별은 은하수에 있어요.

The purple tree has many leaves.
그 보라색 나무는 많은 잎이 있어요.

Let's Practice   85~88p

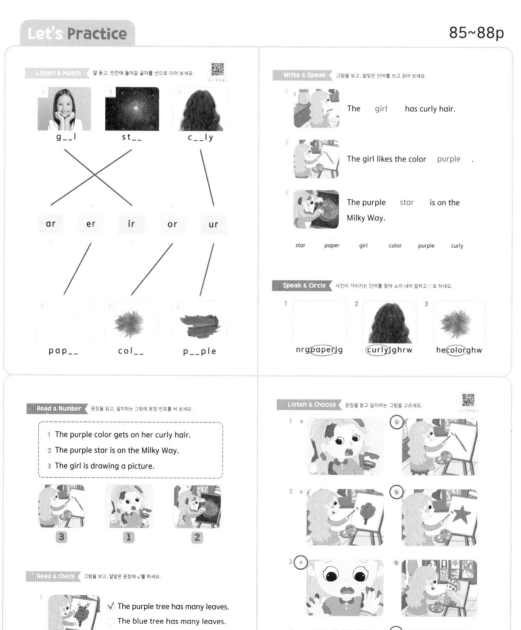

Listen & Match 잘 듣고, 빈칸에 들어갈 글자를 선으로 이어 보세요.

1. g__l
2. st__
3. c__ly

ar   er   ir   or   ur

4. pap__
5. col__
6. p__ple

Write & Speak 그림을 보고, 알맞은 단어를 쓰고 읽어 보세요.

1. The girl has curly hair.
2. The girl likes the color purple .
3. The purple star is on the Milky Way.

star   paper   girl   color   purple   curly

Speak & Circle 사진이 가리키는 단어를 찾아 소리 내어 말하고 ○표 하세요.

1. nrgpaperjg
2. curlyjghrw
3. hecolorghw

Read & Number 문장을 읽고, 일치하는 그림에 문장 번호를 써 보세요.

1 The purple color gets on her curly hair.
2 The purple star is on the Milky Way.
3 The girl is drawing a picture.

3   1   2

Read & Check 그림을 보고, 알맞은 문장에 √를 하세요.

1.
√ The purple tree has many leaves.
○ The blue tree has many leaves.

2.
√ The girl has curly hair.
○ The girl has purple hair.

Listen & Choose 문장을 듣고 일치하는 그림을 고르세요.

1. a / ⓑ
2. a / b
3. ⓐ / b
4. a / b

어려웠던 영역은 꼭 다시 한 번 반복하세요!

21

Word Check

동화로 익힌 영단어(파닉스 단어와 사이트 워드)를 모았습니다.
❶ 아이가 스스로 영단어를 읽을 수 있는지 체크하세요.
❷ 선생님이나 학부모님이 영단어를 불러 주면, 아이가 단어 뜻을 말해 아는지 체크하세요.

Unit 01 Alice Likes a Game

Phonics Words		Sight Words 보자마자 한눈에 바로 인식하고 읽을 줄 알아야 하는 단어	
☑ game	게임	☐ do	하다
☐ name	이름	☐ let's	~하자
☐ fee	요금	☐ play	놀다
☐ see	보다	☐ write	쓰다
☐ line	줄	☐ how	얼마나
☐ time	시간	☐ much	많이

Unit 02 Mail from Megan

Phonics Words		Sight Words	
☐ mail	편지	☐ was	~있었다, ~이었다(am, is 과거형)
☐ nail	못	☐ got	얻었다(get 과거형)
☐ tail	꼬리	☐ from	~로부터
☐ lie	거짓말	☐ ran	달렸다(run 과거형)
☐ pie	파이	☐ gave	주었다(give 과거형)
☐ tie	타이	☐ came	왔다(come 과거형)

Unit 03 A Barbecue Party at School

Phonics Words		Sight Words	
☐ boat	보트	☐ we	우리
☐ coat	코트	☐ school	학교
☐ soap	비누	☐ show	보여주다
☐ barbecue	바비큐	☐ wear	입다
☐ blue	파랑(색)	☐ bring	가져오다
☐ glue	풀	☐ get	얻다

Unit 04 Clara Cleaning Up

Phonics Words

- ☐ black — 검정(색)
- ☐ blanket — 담요
- ☐ classroom — 교실
- ☐ clean — 깨끗한, 청소하다
- ☐ floor — 바닥
- ☐ flower — 꽃

Sight Words

- ☐ very — 아주
- ☐ everything — 모두
- ☐ dirty — 더러운
- ☐ wash — 씻다
- ☐ thank — 고마워하다
- ☐ student — 학생

Unit 05 I Need Cream Bread

Phonics Words

- ☐ bread — 빵
- ☐ bridge — 다리
- ☐ cream — 크림
- ☐ cross — 건너다
- ☐ train — 기차
- ☐ tree — 나무

Sight Words

- ☐ excuse — 실례하다
- ☐ me — 나를
- ☐ need — 필요하다
- ☐ finally — 마침내
- ☐ some — 몇몇의
- ☐ sorry — 미안한

Unit 06 The Snail and the Sloth

Phonics Words

- ☐ snail — 달팽이
- ☐ snack — 간식
- ☐ small — 작은
- ☐ smart — 똑똑한
- ☐ step — 걸음
- ☐ stop — 멈추다

Sight Words

- ☐ best — 최고의
- ☐ will — ~할 것이다
- ☐ one — 하나(의)
- ☐ they — 그들은
- ☐ so — 그리고, 그래서
- ☐ forget — 잊다

Unit 07 The Long, Short, Thick Snowman

Phonics Words

- [ ] shirt — 셔츠
- [ ] short — 짧은
- [ ] thick — 두꺼운
- [ ] thin — 얇은
- [ ] long — 긴
- [ ] string — 끈

Sight Words

- [ ] stick — 막대
- [ ] for — ~를 위한
- [ ] skirt — 치마
- [ ] snowman — 눈사람
- [ ] arm — 팔
- [ ] with — ~와 함께

Unit 08 The Whale Under the Wheel

Phonics Words

- [ ] cheesecake — 치즈 케이크
- [ ] cherry — 체리
- [ ] chicken — 치킨
- [ ] whale — 고래
- [ ] wheel — 바퀴
- [ ] white — 흰(색)

Sight Words

- [ ] come — 오다
- [ ] eat — 먹다
- [ ] sauce — 소스
- [ ] suddenly — 갑자기
- [ ] go — 가다
- [ ] round — 둥근

Unit 09 The Boy with a Toy

Phonics Words

- [ ] coin — 동전
- [ ] soil — 흙
- [ ] loud — (소리가) 큰
- [ ] mouth — 입
- [ ] boy — 소년
- [ ] toy — 장난감

Sight Words

- [ ] dig — 파다
- [ ] piled — 쌓다(pile 과거형)
- [ ] hole — 구멍
- [ ] all — 모두
- [ ] of — ~의
- [ ] off — 떨어져서

Unit 10 The Purple World

Phonics Words

- [ ] star — 별
- [ ] paper — 종이
- [ ] girl — 소녀
- [ ] color — 색깔
- [ ] purple — 보라(색)
- [ ] curly — 곱슬곱슬한

Sight Words

- [ ] hair — 머리카락
- [ ] picture — 그림
- [ ] she — 그녀는
- [ ] draw — 그리다
- [ ] finger — 손가락
- [ ] leaves — 잎들(leaf 잎의 복수형)

바빠 초등 필수 영단어

★ ★ ★ ★ ★

3~6학년 필수 영단어를 한 권에!

초등 학년별 어휘 800개 한 권으로 총정리!

영단어 노트로 복습까지 완벽하게!

특별부록 영단어 쓰기 노트

🎧 원어민 MP3 제공 | 바빠 초등 필수 영단어 | 15,000원

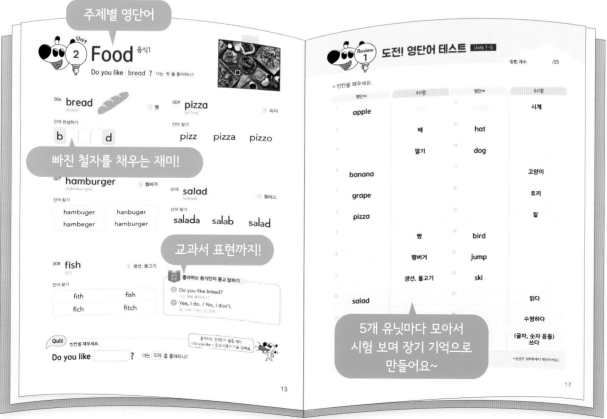

🐛 교과서와 일상생활을 반영한 주제별로 모아 더 잘 외워져요!

바빠 초등 파닉스 리딩

First Reading! 파닉스 동화 10편으로 재미있게 시작!

+

알찬 교육 정보도 만나고 출판사 이벤트에도 참여하세요!

1. 바빠 공부단 카페 cafe.naver.com/easyispub

바빠 공부단 카페에서 함께 공부해요! 수학, 영어, 국어 담당 바빠쌤의 격려와 칭찬도 받을 수 있어요.

2. 인스타그램 + 카카오 채널

easys_edu 팔로우

이지스에듀 이지스에듀 친구 1,328

@easys_edu

🔍 이지스에듀 검색!

바빠 시리즈 출간 소식과 출판사 이벤트, 교육 정보를 제일 먼저 알려 드려요!

바쁜 친구들이 즐거워지는 빠른 학습서

영역별 연산책 바빠 연산법
방학 때나 학습 결손이 생겼을 때~

· 바쁜 1·2학년을 위한 빠른 **덧셈**
· 바쁜 1·2학년을 위한 빠른 **뺄셈**
· 바쁜 초등학생을 위한 빠른 **구구단**
· 바쁜 초등학생을 위한
　빠른 **시계와 시간**

· 바쁜 초등학생을 위한
　빠른 **길이와 시간 계산**
· 바쁜 3·4학년을 위한 빠른 **덧셈/뺄셈**
· 바쁜 3·4학년을 위한 빠른 **곱셈**
· 바쁜 3·4학년을 위한 빠른 **나눗셈**
· 바쁜 3·4학년을 위한 빠른 **분수**
· 바쁜 3·4학년을 위한 빠른 **소수**
· 바쁜 3·4학년을 위한 빠른 **방정식**

· 바쁜 5·6학년을 위한 빠른 **곱셈**
· 바쁜 5·6학년을 위한 빠른 **나눗셈**
· 바쁜 5·6학년을 위한 빠른 **분수**
· 바쁜 5·6학년을 위한 빠른 **소수**
· 바쁜 5·6학년을 위한 빠른 **방정식**
· 바쁜 초등학생을 위한 빠른
　**약수와 배수, 평면도형 계산,
　입체도형 계산, 자연수의 혼합 계산,
　분수와 소수의 혼합 계산, 비와 비례,
　확률과 통계**

바빠 국어/ 급수한자
초등 교과서 필수 어휘와 문해력 완성!

· 바쁜 초등학생을 위한 빠른 **맞춤법 1**
· 바쁜 초등학생을 위한
　빠른 **급수한자 8급**
· 바쁜 초등학생을 위한 빠른 **독해 1, 2**

· 바쁜 초등학생을 위한 빠른 **독해 3, 4**
· 바쁜 초등학생을 위한 빠른 **맞춤법 2**
· 바쁜 초등학생을 위한
　빠른 **급수한자 7급 1, 2**

· 바쁜 초등학생을 위한
　빠른 **급수한자 6급 1, 2, 3**
· 보일락 말락~ 바빠 **급수한자판**
　+ 6·7·8급 모의시험

· 바빠 급수 시험과 어휘력 잡는
　초등 한자 총정리
· 바쁜 초등학생을 위한 빠른 **독해 5, 6**

 재미있게 읽다 보면
나도 모르게
교과 지식까지 쏙쏙!

바빠 영어
우리 집, 방학 특강 교재로 인기 최고!

· 바쁜 초등학생을 위한 빠른 **알파벳 쓰기**
· 바쁜 초등학생을 위한
　빠른 **영단어 스타터 1, 2**
· 바쁜 초등학생을 위한
　빠른 **사이트 워드 1, 2** 유튜브 강의 제공
· 바쁜 초등학생을 위한 빠른 **파닉스 1, 2**

· 전 세계 어린이들이 가장 많이 읽는
　영어동화 100편 : 명작/과학/위인동화
· 바빠 초등 영단어 — 3·4학년용
· 바쁜 3·4학년을 위한 빠른 **영문법 1, 2**
· 바빠 초등 **필수 영단어**
· 바빠 초등 **필수 영단어 트레이닝**
· 바빠 초등 **영어 교과서 필수 표현**
· 바빠 초등 **영어 일기 쓰기**
· 바빠 초등 **영어 리딩 1, 2**

· 바빠 초등 **영단어 — 5·6학년용**
· 바빠 초등 **영문법 — 5·6학년용 1, 2, 3**
· 바빠 초등 **영어시제 특강 — 5·6학년용**
· 바빠 초등 **문장의 5형식 영작문**
· 바빠 초등 **하루 5문장 영어 글쓰기 1, 2**

원어민 선생님과 함께하는 **파닉스 홈트레이닝**

베스트셀러

초등학생을 위한
바쁜 빠른 파닉스
Phonics
1 알파벳 소릿값

뉴욕 파닉스 수업이
우리집으로 들어왔다!
알파벳 소리부터 블렌딩까지 영어가 유창해지는 5단계 학습법

이지스에듀

각 권 12,000원 / 세트 23,000원 → 더 경제적!

원어민 선생님과 함께하는 파닉스 홈트레이닝

뉴욕 파닉스 수업이
우리 집으로 들어왔다!

▶ 유튜브 강의
전 유닛 수록

Phonics

unit 04 Dd는 dance처럼 [ㄷ] 소리가 나요

Dd [ㄷ] ▶ 더 강의 보기

A Say and Write 알파벳을 읽으면서 대문자와

D D
d d

> 알파벳 쓰는 방법부터 알려줘요.

Dd(디)는 우리말 [ㄷ]와 소리가 비슷해요. 'ㄷ'를 소리 낼 때 혀가 천장에 스치는 게 느껴져야 바르게 소리를 낸 거예요.

B Listen and Chant 음성과 챈트를 잘 듣고 따라 말해 보세요

dance | dad | doll | duck

소리내어 읽어요 dance 춤추다 dad 아빠 doll 인형 duck 오리

19

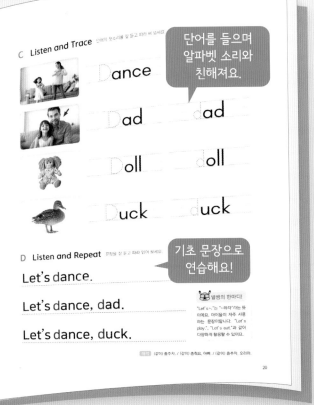

C Listen and Trace 단어의 첫소리를 잘 듣고 따라 써 보세요

Dance
Dad | dad
Doll | doll
Duck | duck

> 단어를 들으며 알파벳 소리와 친해져요.

D Listen and Repeat 문장을 잘 듣고 따라 읽어 봐요

Let's dance.
Let's dance, dad.
Let's dance, duck.

> 기초 문장으로 연습해요!

별쌤의 한마디!

"Let's ~"는 "~하자"라는 뜻 이에요. 아이들이 자주 사용하는 문장이랍니다. "Let's play.", "Let's eat."과 같이 다양하게 활용할 수 있어요.

해석 (같이) 춤추자. / (같이) 춤추자, 아빠. / (같이) 춤추자, 오리야.

20

 '바빠 파닉스' 1권은 알파벳 소릿값, 2권은 단모음·장모음·이중 글자를 배워요.

이렇게 공부가 잘 되는 영어 책 봤어?
손이 기억하는 영어 훈련 프로그램

원어민 선생님과 함께하는 파닉스 홈트레이닝!
유튜브 강의로 배우는 뉴욕 스타일 파닉스

실생활 회화 문장으로 익히는 사이트 워드!
저자와 네이티브 선생님의 유튜브 강의 제공

파닉스 동화로 시작하는 첫 영어 리딩!
파닉스 단어에서 리딩까지 All-in-One

과학적 학습법이 총동원된 영단어 책!
짝단어로 의미 있게 외우니 효과 2배

15년간 영어 교과서를 만든 저자가 직접 집필!

'바빠 초등 파닉스 리딩'
EBS 영어강사, 초등영어 전문 강사, 초등교사 적극 추천!

짧고 재미있는 스토리를 통해 파닉스를 체화시킬 뿐만 아니라 초등 필수 문장까지 익힐 수 있는 책! 파닉스를 마치고 읽기를 시작하는 아이, 읽기를 어려워하는 아이에게 적극 추천합니다.

혼공쌤('혼공TV' 유튜브 운영자, EBS 영어강사)

아이들의 흥미를 끄는 스토리 안에 촘촘하게 설계된 단어와 문장! **읽고 따라 하다 보면 자연스럽게 소리와 철자와의 관계도 익히고, 영어 읽기에 대한 기초도 다질 수 있는 책**입니다.

크리쌤('영어강사 크리쌤' 유튜브 운영자, 초등영어 전문 강사)

영어 읽기를 막 시작한 아이에게 읽기 자신감은 정말 중요합니다. 이때 이미 배운 파닉스 단어를 동화 10편 속에서 반복해서 연습하는 방식은 읽기 성공 경험으로 이끌어, 자신감을 키워줄 것입니다.

이서윤 선생님('이서윤의 초등생활처방전' 유튜브 운영자, 초등교사)

단어는 물론 문장도 반복해 주는 똑똑한 책이네?

'바빠 초등 파닉스 리딩'으로 검색하세요~

바빠 초등 파닉스 리딩 시리즈

1권 | 알파벳 소릿값, 단모음
2권 | 장모음, 이중자음 등

가격 13,000원

64740

ISBN 979-11-6303-449-0
ISBN 979-11-6303-428-5(세트)

9 791163 034490